Spanish 649.51 Hickm.T
Hickman, Danelle.
101 magníficas ideas para
entretener a tu hijo mientr...

DATE DUE

JUN 0 8 1999	
JUL 2 8 2000	
NOV 2 3 2001	
DEC 0 2 2006	
JUL 2 8 2007	
DEC 0 8 2007	

DEMCO, INC. 38-2931

101 magníficas ideas para entretener a tu hijo *mientras haces otra cosa*

Danelle Hickman
Valerie Teurlay

101 magníficas ideas para entretener a tu hijo *mientras haces otra cosa*

Actividades creativas
y estimulantes
para los más pequeños

ediciones
PAIDOS

Barcelona-Buenos Aires-México

Título original: *101 Great Ways to keep your Child entertained while you get something else done*
Publicado en inglés por St. Martin's Press, Nueva York

Traducción de Francesca Rosa Ros

Cubierta: adaptada para la presente edición a partir del diseño original de Judith A. Stagnitto con dibujos de Lizzi Rockwell

1.ª edición, 1994

Quedan rigurosamente prohibidas, sin la autorización escrita de los titulares del «Copyright», bajo las sanciones establecidas en las leyes, la reproducción total o parcial de esta obra por cualquier método o procedimiento, comprendidos la reprografía y el tratamiento informático, y la distribución de ejemplares de ella mediante alquiler o préstamo públicos.

© 1992 by Danelle Hickman y Valerie Teurlay
© 1992 de las ilustraciones by Lizzy Rockwell
© de todas las ediciones en castellano,
   Ediciones Paidós Ibérica, S.A.,
   Mariano Cubí, 92 - 08021 Barcelona
   y Editorial Paidós, SAICF,
   Defensa, 599 - Buenos Aires

ISBN: 84-493-0007-X
Depósito legal: B-7.838/1994

Impreso en Hurope, S.L.,
Recaredo, 2 - 08005 Barcelona

Impreso en España - Printed in Spain

Dedicado a nuestras madres, quienes decían siempre:
«Espera hasta que tengas tus propios hijos».

Sumario

AGRADECIMIENTOS 13
NOTA DE LAS AUTORAS 15
INTRODUCCIÓN 17

JUEGOS EN CASA

1. El dedo mágico pintor 21
2. Juegos en casa con arena 21
3. Pintar en la bañera 22
4. Masa casera para jugar 24
5. Jugar a las cocinas 26
6. Ayudante de cocinero 27
7. Poner la mesa 28
8. Lavar los platos 29
9. Limpiar la casa 29
10. Construir autopistas 30
11. Máscaras 31
12. Polichinelas 32
13. Pequeñas bolsas para jugar 33
14. Muñeca de tamaño real 34
15. Cubos con bolsas de papel 34
16. Jugar a robots 35
17. Carrera de obstáculos 36
18. Tienda de campaña 37
19. Tiza 38
20. Lápices de colores 39
21. Calcar rayando con lápices 39
22. Haga su propia pizarra mágica 40
23. El dibujo resistente 40
24. El juego de la cesta para la ropa sucia . . . 41
25. Peluquería 42
26. Disfrazarse 43

27.	Dominó	44
28.	Trampolín	45
29.	Ensartar	46
30.	Puzzles	46
31.	Manualidades con pegamento	47
32.	Coser cartas	48
33.	Cocer y pintar esculturas	49
34.	Collage de papel de seda y almidón	50
35.	Trabajo fácil con tijeras	51
36.	Correspondencia infantil	51
37.	Propaganda	52
38.	Libro de recuerdos	53
39.	Álbum de fotos muy personal	53
40.	Instrumentos musicales	54
41.	Cintas de casete hechas en casa	55
42.	Vídeo personal	56
43.	Hora de recoger los juguetes	56

JUEGOS AL AIRE LIBRE

44.	Pintar aceras	59
45.	Graffiti con tiza	59
46.	Bolos	60
47.	Castillos de hielo	61
48.	Pompas de jabón	62
49.	Juegos de agua	63
50.	Pista de obstáculos para los más pequeños	64
51.	Haga un columpio con una rueda	65
52.	Grand Prix	66
53.	Construcciones	66
54.	Área de servicio	67
55.	Lavar el coche	67
56.	Cazamariposas	68
57.	Collage natural	69

58. Observar pájaros 70
59. Colección de piedras 71
60. Hula hoop 71
61. Pintura 72
62. Pintar soplando 73
63. Pintura con rodillo 74
64. Pintura con canicas 74
65. Realizar sellos con pintura 75
66. Pintura con esponja 75
67. Pintura con cuerda 76
68. Espaguetis artísticos 76
69. Trabajo en el jardín 77
70. Flores del jardín 78
71. Haga magia con un imán 79
72. Merienda campestre 80

EN TORNO A LA CIUDAD

73. Mapa de viaje personal 83
74. Casete personal para los viajes . . 83
75. Caja de los juguetes 84
76. Álbum de fotos para los viajes . . 84
77. Guía de viaje 85
78. Libro de actividades hecho con tela . . 86
79. Fan de los deportes 87
80. Cenar en el restaurante 88
81. Comprar en la tienda de comestibles . . 88
82. En el centro comercial 89
83. Provisiones para el viaje 90

OCASIONES ESPECIALES

84. Tarjetas de cumpleaños 93
85. Jugar a fiestas de cumpleaños . . . 93
86. Tarjetas personales del día de san Valentín . 94

87.	Figuritas de Pascua impresas con el pulgar .	95
88.	Cestas de primavera	95
89.	Collar del día de la madre	96
90.	Corbata del día del padre	96
91.	Fiesta de cumpleaños: baile	97
92.	La casa encantada	98
93.	Fantasmas	99
94.	Peluca de indio de Carnaval	100
95.	El juego del papel de envolver	101
96.	Haga tarjetas con moldes para hacer galletas	101
97.	Papel de envolver para los días navideños .	102
98.	Guirnaldas de papel de seda	102
99.	Galletas navideñas	103
100.	Día de los Santos Inocentes	104
101.	La celebración de la Nochevieja	104

ÍNDICE DE ACTIVIDADES 105
ÍNDICE DE RECETAS 107

Agradecimientos

Deseamos dar las gracias a Cheryl Benner, Ruth Beyda, Patty Earhart, Esther Feldman, Gary Hickman, Shirley Hickman, Phyllis Kitagawa, Deborah Stone, Kim Straub, Dan Strauss, Harriet Strauss, Frank Teurlay, Adeline Weekly y Mark Weekly por su ayuda y orientación.

Un agradecimiento especial a nuestros maridos, quienes, en primer lugar, nos hicieron madres.

Nuestra gratitud a Judy Rothman y Sharon Tate, quienes nos ayudaron a que nuestro libro se hiciera realidad.

Nota de las autoras

Este libro está pensado para niños de 18 meses a 4 años de edad. Algunas de las actividades son apropiadas para niños que dan sus primeros pasos, mientras que otras lo son para niños en edad preescolar. Si usted considera que alguna actividad es demasiado avanzada para su hijo de pocos meses, intente realizarla de nuevo más adelante.

Encontrará un reloj al lado de cada actividad. La cantidad de tiempo marcada en negrita se corresponde aproximadamente con el tiempo en que la actividad ocupará la atención de su hijo. El tiempo estimado variará de acuerdo a la edad, personalidad y nivel de desarrollo de su hijo. El tiempo se medirá tal como sigue:

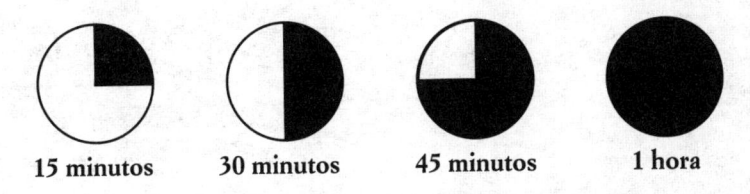

15 minutos   **30 minutos**   **45 minutos**   **1 hora**

Los pronombres él y ella, así como las palabras hijo/hija, han sido utilizados a lo largo del libro de forma indiscriminada, sin la intención de diferenciar actividades para uno u otro sexo.

En este libro encontrará ideas nuevas y antiguas. Las hemos recogido de una variedad de fuentes y posteriormente probado y mejorado. Aunque hemos visto que las 101 ideas siguientes promueven un tipo de juego independiente y creativo, este libro no está pensado de ninguna manera para reemplazar todas las atenciones que un padre debe dar a su hijo.

Nota importante para los lectores: a pesar de que este libro se propone estimular el juego individual, las actividades descritas requieren la preparación y supervisión de un adulto. Además de las usuales medidas de seguridad al planear actividades para niños pequeños, los lectores deberían tener en cuenta las precauciones que aparecen indicadas en recuadros a lo largo del libro.

Introducción

Nosotras también somos madres. Entendemos que el tiempo es valioso (tiempo para jugar con sus hijos y tiempo también para sus propias cosas), tanto si se trata de hablar por teléfono con un amigo o de discutir las cosas del día con su esposa o quizás incluso de leer algo que usted quiere leer.

Nos hemos convencido firmemente de que la mejor manera de mantener a los padres e hijos tranquilos y felices es encontrar un equilibrio entre el hecho de satisfacer las necesidades de sus hijos y atender las suyas propias. La pregunta que nos hemos hecho durante largo tiempo es ¿cómo encontrar una forma original de tener a nuestros hijos entretenidos mientras que nosotros tenemos un poco de tiempo libre?

A través de pruebas y de cometer errores, por no mencionar los buenos y malos consejos de mucha gente, hemos aprendido que es posible tener a un niño ocupado y contento. Mientras que usted querrá estar cerca de su hijo para asegurarse de que éste juega con total seguridad y para ayudarle cuando sea necesario, este libro se centra en actividades que estimulan el juego individual y se dirige a niños desde los primeros meses de vida hasta los que están en edad preescolar.

Las 101 actividades de este libro están organizadas en 4 secciones temáticas: juegos en casa, juegos al aire libre, en torno a la ciudad y ocasiones especiales.

Hemos intentado escoger actividades sencillas y divertidas

que requieren un tiempo mínimo de preparación y que abarcan la mayoría de situaciones en las que su hijo requiere normalmente su atención. Esperamos que las ideas siguientes les den tan buenos resultados con sus hijos como lo han hecho con los nuestros, Elizabeth, Kelly y Kimberly.

Juegos en casa

1
El dedo mágico pintor

Para pintar en casa con un método comestible y fácil de limpiar, permita a su hijo pintar con los dedos en un mantel de plástico o en una bandeja con cualesquiera de los siguientes materiales: pudín instantáneo, gelatina, nata batida, yogurt espeso o cereal cocido como la harina de avena o la sémola.

2
Juegos en casa con arena

Espolvoree aproximadamente 5 vasos de migas de galleta, cereales preparados de arroz o harina de avena cruda en una bandeja ancha y limpia con asas o en un molde para hornear. Su hijo se divertirá utilizando coches pequeños, cucharas u otros utensilios de cocina para hacer colinas, carreteras y pasteles de arena comestibles.

Esta actividad es muy buena para los niños de pocos meses, que acostumbran a ponérselo todo en la boca. Algunas calorías de más no les harán daño y el peligro de tragar algo que no sea comestible se verá eliminado.

3
Pintar en la bañera

Su bañera es el lugar idear para pintar sin ensuciar demasiado. Haga que su hijo transforme el interior de su bañera en un mural con pintura soluble en agua. Una vez terminado, abra el grifo y limpie a su hijo y la bañera (vea ilustración).

Puede comprar la pintura en cualquier tienda de juguetes o de artículos de arte, o puede usar, si usted lo prefiere, la receta siguiente:

▮ RECETA PARA PINTAR CON LOS DEDOS ▮

½ vaso de maicena
1 vaso de agua fría
1 sobre de gelatina sin
condimentar
2 vasos de agua hirviendo
colorante vegetal

    Mezcle la maicena con ¾ del vaso de agua fría en una salsera. Mezcle bien. Vierta ¼ vaso de agua fría en un plato separado y moje la gelatina; póngala aparte. Añada agua hirviendo a la mezcla de maicena, removiendo a medida que la va vertiendo.
    Cocine a fuego medio y remueva constantemente hasta que hierva. Cuando la mezcla esté espesa y esponjosa, sáquela del fuego y remuévala en la gelatina disuelta. Cuando la mezcla se haya enfriado, sepárela en recipientes para colores diferentes. Luego añada unas gotas de colorante en cada recipiente y mezcle.

> **Precaución:** las bañeras son resbaladizas.

4
Masa casera para jugar

Haga una masa en casa utilizando la siguiente receta:

■ RECETA DE MASA PARA JUGAR ■

1   *vaso de harina*
½ *vaso de sal*
2   *cucharaditas de crema de tártaro (especias)*
1   *vaso de agua*
1   *cucharadita grande de aceite vegetal*

Colorante vegetal (para dar color) y aceite de hierbabuena o extracto de vainilla para dar color y olor

Después de escoger los productos para dar color y olor, mezcle todos los ingredientes en una cazuela. Cocine a fuego medio, removiendo constantemente. Cuando la masa esté consistente, póngala en un mostrador o mesa y amásela hasta que se enfríe. Guarde su masa casera fuera de la nevera en un recipiente hermético. Le durará tres meses.

Dé a su hijo un rodillo de cocina o un molde de forma cilíndrica y enséñele cómo extener la masa hasta conseguir el espesor adecuado para poder hacer figuras con moldes de formas diferentes. Añada algunas sartenes y potes para cocinar los pasteles, tartas, espaguetis, o cualquier otra cosa que su pequeño *chef* quiera hacer como plato especial del día.

5
Jugar a las cocinas

Una cocina de juguete puede ser su salvación. Con ella su hijo utilizará la imaginación y empleará gran parte de su tiempo jugando solo. Si usted no ha invertido todavía en una cocina de juguete, puede construir un horno casero y un fregadero con 2 cajas grandes.

Corte la puerta del horno en una de las cajas y ponga un trozo de cartulina detrás de la zona de los fogones, donde puede pintar los accesorios. En primer lugar, pinte o cubra la caja con papel para hacer juego con la decoración de su casa. Añada después otros detalles, como los quemadores, un reloj y un cronómetro.

Atornille los mandos de los fogones y una tirador para abrir la puerta del horno. (Puede hacer un agujero en la cartulina, introducir un tornillo y poner una tuerca para mantenerlo en posición.)

Haga un fregadero con la segunda caja y un cubo de plástico para lavar haciendo un agujero en la parte superior de la caja lo sufientemente ancho como para que el cubo pueda encajar. (Vaya con cuidado de no hacer el agujero demasiado grande, ya que el cubo puede caerse hacia dentro.) Puede llenar el fregadero de juguete con agua si la cocina va a ser utilizada en una habitación sin moqueta. Su hijo se divertirá utilizando accesorios de cocina reales, como tarrinas vacías de margarina, paquetes de cereales, latas de especias vacías, cucharas de plástico y utensilios para lavar los platos.

6

Ayudante de cocinero

A la hora de preparar la comida, quizás usted se vea agobiada por un niño que haga muchas preguntas. Dé una ocupación a su hijo permitiéndole remover y añadir ingredientes. Esta actividad resulta de gran utilidad para un comilón que sea delicado al comer, ya que es más probable que se coma la comida que él mismo está ayudando a preparar. Mientras usted sigue preparando la comida, anime a su hijo a practicar su técnica de preparación. Un niño pequeño puede verter arroz crudo o guisantes secos de una jarra a pequeños recipientes sin ensuciar demasiado. Utilice agua para practicar actividades de medida: vierta 2 mitades de un vaso de agua en 1 vaso. Es preferible, sin ninguna duda, limitar estas actividades al fregadero para poder limpiar con facilidad.

> **Precaución:** mantenga a su hijo alejado de un horno caliente.

7

Poner la mesa

Su hijo se divertirá poniendo la mesa mientras usted prepara la comida. Ponga unos cubiertos como ejemplo y permita después a su hijo poner el resto de la cubertería y demás accesorios.

Otra manera de enseñar a su hijo cómo poner la mesa adecuadamente, es permitirle hacer su propio salvamantel. Compre un salvamentel de vinilo barato y deje que su hijo marque en el mismo unos cubiertos (con señales duraderas). Estos tapetes pueden ser también un buen regalo para los abuelos.

Precaución: no utilice cuchillos, por favor

8

Lavar los platos

Llene el fregadero con agua jabonosa. Deje jugar a su hijo en el fregadero con platos de plástico, vasos, cucharas, estropajo de esparto, esponjas y bayetas. La espuma del jabón puede utilizarse para hacer comida imaginaria, por ejemplo, pasteles, puré de patatas, soda. Asegúrese de que el taburete en el que está subido su hijo sea seguro; póngale un delantal de plástico o una chaqueta impermeable y compruebe que el agua no esté demasiado caliente.

9

Limpiar la casa

Cuando usted está limpiando la casa, a los niños les encanta ayudar. Deje que su hijo le ayude a hacer las tareas sueltas, como, por ejemplo, plegar la ropa limpia, llevarla a la habitación correspondiente y hacer la cama. Déle un plumero, un spray vacío y un paño. También hay juguetes como escobas, palas y planchas en miniatura para jugar a hacer la limpieza.

10

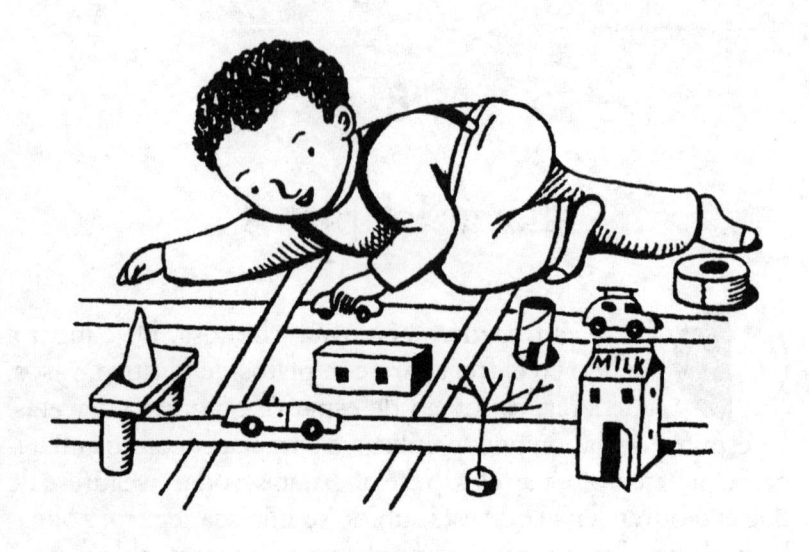

Construir autopistas

Construya carreteras extendiendo unas cintas adhesivas sobre las baldosas del suelo o el parqué. Puede hacer carreteras rectas, curvas a la izquierda o a la derecha y cruces con las cintas. Construya una autopista con dos carriles pintando una raya en el centro de la carretera. Dibuje en las cintas semáforos, señales de *stop* y pasos de cebra. Ponga también ciudades utilizando cajas pequeñas o juguetes tales como casas, gasolineras, granjas y gente en miniatura. Su hijo se divertirá jugando con sus juguetes de ruedas sin que usted tropiece con ellos cada 5 minutos.

11

Máscaras

A los niños les gusta mirarse en el espejo y pretender ser otra persona o cosa. Anímele a seguir este juego creando una simple máscara. En una bolsa de papel de tamaño medio o un plato de papel, haga unos ojos, una nariz y/o una boca. Dibuje o pegue cualquier otro rasgo distintivo que quiera añadir. Haga el pelo o el bigote con hilo. La bolsa de papel va sobre la cabeza. Pegue el palo de un «polo» (helado) en la base del plato de papel para construir un mango. Su sombrero favorito dará el toque final.

12

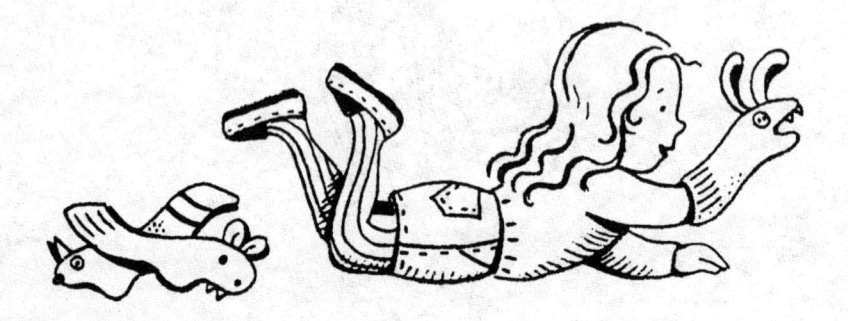

Polichinelas

Puede realizar polichinelas con calcetines viejos y usarlos una y otra vez. Pegue o cosa fieltro e hilo para el pelo y las facciones. Su hija se divertirá o divertirá a algún amigo poniendo en escena espectáculos de polichinelas. También usted habrá encontrado la manera de utilizar aquellos calcetines que perdieron a su pareja en la lavadora misteriosamente.

13

Pequeñas bolsas para jugar

Los calcetines viejos siempre pueden utilizarse. Se convierten en bolsas pequeñas para jugar. Haga esas bolsas llenando los calcetines con judías secas o arroz. Cierre la bolsa haciendo un nudo en el extremo abierto. Las bolsas se pueden lanzar (hacia adelante y hacia atrás) en recipientes o a través de agujeros realizados en una hoja de cartulina, sujetándola en alto.

14

Muñeca de tamaño real

Construya una muñeca del tamaño de una persona, trazando la silueta de su hijo tendido sobre una capa doble de papel de embalar. Corte la silueta en las dos capas y grápelas, dejando aberturas para rellenarlo. Haga que su hijo pinte una cara en la muñeca y, con la ayuda de un relleno hecho con papel arrugado, la muñeca adquirirá vida propia. Para terminar, grape la muñeca de arriba a abajo. Ya que la muñeca y su hijo son aproximadamente de la misma medida, él se divertirá vistiendo a su nuevo amiguete con su propia ropa. Esta actividad le enseñará cómo vestirse.

15

Cubos con bolsas de papel

Construya unos cubos grandes llenando con papel de periódico arrugado unas bolsas de papel o caja de cartón. Doble los extremos y ponga una cinta para cerrarlo, dándole al cubo una firmeza y forma rectangular. A su hijo le gustará utilizar estos cubos para escalar y apilar, o como parte de una carrera de obstáculos (véase actividad n. 17).

JUEGOS EN CASA ▎35

16

Jugar a robots

Saque la parte inferior de una caja de medidas adecuadas y cree el cuerpo de un robot haciendo agujeros para la cabeza y los brazos. Su hija puede hacer su disfraz a su gusto, dando color, dibujando o pegando objetos en la caja. Para tener el aspecto de «alta tecnología», cubra la caja con papel de aluminio antes de decorarlo.

17

Carrera de obstáculos

Cuando el tiempo no permita jugar al aire libre, ayude a su hijo a liberar la energía retenida haciendo una carrera de obstáculos, utilizando cualesquiera de los objetos siguientes:

- Cojines
- Felpudos
- Cajas
- Sillas
- Cubos de papel hechos con bolsas de papel (véase actividad 15)
- Balancines (tablas anchas de madera dispuestas sobre unas guías telefónicas)

Utilice estos objetos como rampas, toboganes, túneles y puentes.

18

Tienda de campaña

● Su hijo quizás necesite su propio espacio para sentirse alejado de todo. Hágale una tienda de campaña para que pueda esconderse dentro, poniendo una sábana o manta sobre una mesa o dos sillas. Haga una cama con mantas, sábanas, cojines o un saco de dormir. Si le añade algunos de sus animales de peluche favoritos para hacerle compañía, la tienda de campaña se convertirá en un refugio acogedor. Incluso a los niños a los que no les gusta hacer la siesta, se les puede hacer entrar en la tienda para dormir un rato con sus muñecos.

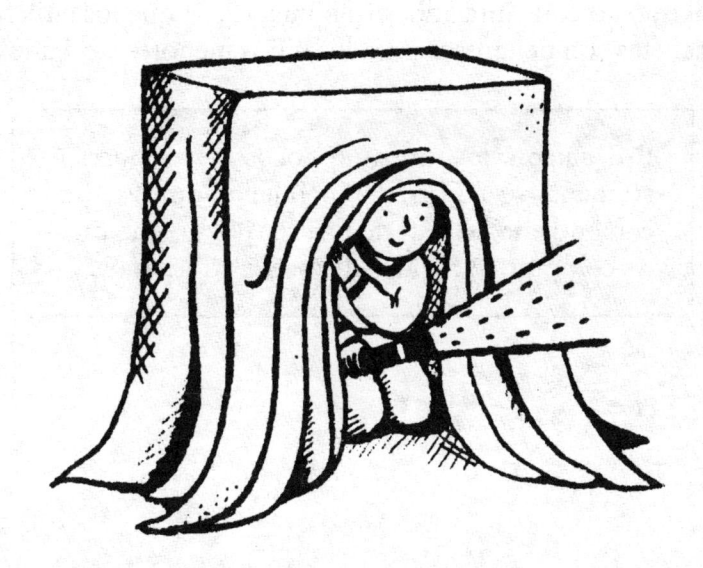

19

Tiza

La tiza es para los más pequeños un buen inicio para dibujar. Los niños que dan sus primeros pasos tienen la tendencia de dibujar en cualquier lugar. Si utiliza tiza de la que puede borrarse fácilmente, podrá salvar sus paredes. También es una buena idea enseñar a dibujar a su hija únicamente en papel. Una silla alta con una bandeja en el asiento es un buen lugar para esta actividad.

Ésta es una buena oportunidad para alentar a su hija a desarrollar actividades artísticas, designando una zona especial para mostrar sus «obras maestras». Escoja, para ello, un tablón de anuncios, la nevera o la puerta de una habitación, asegurando el trabajo con cinta adhesiva o imanes, ya que los alfileres y chinchetas son peligrosos para los niños menores de 4 años.

> **Precaución:** los niños de pocos meses pueden atragantarse con trozos pequeños de tiza. Recomendamos el uso de tiza sin polvo, que puede comprar en tiendas de juegos educativos.

20

Lápices de colores

Salve sus paredes utilizando lápices de colores fáciles de borrar (tipo *plastidecor*), y recalque que se ha de dibujar únicamente sobre papel. Si es posible, utilice una mesa y sillas de juguete cuando realice alguna actividad artística. Déle libros para colorear o papel de medidas grandes para evitar que su hijo estropee la superficie de la mesa. A esta edad, a su hijo le gustará colorear tanto papel en blanco como libros, indistintamente. Aproveche el papel de su oficina; el dorso de las memorias anteriores puede convertirse en un lienzo para su pequeño Rembrandt.

Una combinación de las actividades descritas desde el n. 20 al 23 tendrá a su hijo ocupado durante una hora.

21

Calcar rayando con lápices

Reúna objetos planos con una textura especial, como hojas, un trozo de tela de tamiz o de arpillera. Póngalos entre 2 piezas de papel y únalos. Haga que su hijo raye suavemente con el lápiz sobre y alrededor del objeto oculto. A medida que se va rayando, aparecerá un dibujo.

22

Haga su propia pizarra mágica

Haga que su hijo coloree una hoja blanca de papel llenando la mayor parte de la hoja con colores brillantes. Después hágale cubrir su dibujo con una capa de lápiz negro. Cuando su hijo rasque el dibujo en la capa de lápiz negro con una cucharita de plástico o con el palo de un «polo» (helado), los colores brillantes del fondo de la capa comenzarán a aparecer.

23

El dibujo resistente

Haga que su hija coloree una hoja blanca de papel. Mezcle pintura con agua (50% pintura, 50% agua) para que ella pinte sobre la totalidad de la superficie. El dibujo resistirá la pintura, dándole a su «obra de arte» un aspecto interesante.

24

El juego de la cesta para la ropa sucia

Una cesta para la ropa sucia es un buen artículo casero para utilizar en juegos imaginarios. Su hijo puede sentarse en la cesta y creer que es un coche o tren. La cesta también se puede usar como camita para muñecas o para animales de peluche. También puede ser divertido esconder alguna sorpresa dentro de la cesta, poniéndola debajo de una sábana o de un edredón.

25

Peluquería

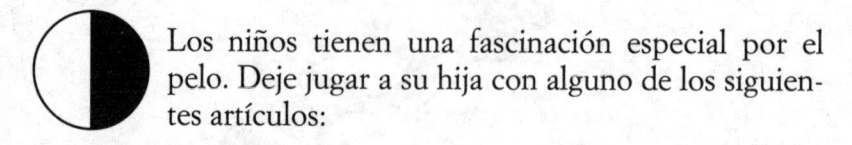

Los niños tienen una fascinación especial por el pelo. Deje jugar a su hija con alguno de los siguientes artículos:

- Lazos y ornamentos para el pelo.
- Rulos y pasadores para el pelo.
- Espejos irrompibles (de plástico).
- Secadores sin enchufe o secadores de juguete (un secador de juguete con pilas que haga ruido sería estupendo).

Su hija puede utilizar sus muñecas como clientes a los que peinará elegantemente o incluso puede peinar a un compañero de juegos o un hermano, con la condición de no utilizar tijeras.

> **Precaución:** no incluyan tijeras en esta actividad. Es un buen momento para comentar los efectos negativos que se producen en un niño que se corta su propio pelo.

26

Disfrazarse

Guarde su vieja bisutería, zapatos, carteras, sombreros, pelucas y corbatas, y un surtido de accesorios para este juego de disfraces. Dé un espejo de mano a su hija para que admire su nuevo aspecto de adulta. Tenga siempre un lugar específico o recipiente para todo el material de disfraz; de este modo evitará que su hijo crea que su ropero es un lugar de juego.

27

Dominó

Su pequeña en edad preescolar se divertirá creando y jugando con su propio juego de dominó. Corte papel de embalar, cartón o una carpeta en rectángulos. Trace una línea en el medio para formar cuadrados. Pegue o dibuje encima letras, colores, números, formas o animales que puedan ser emparejados. Para que sea duradero y esté más protegido, cubra los dominós con papel adhesivo transparente (compre este papel transparente en las papelerías y recórtelo con tijeras para que se ajuste a cada dominó). Este último paso es mejor que sea hecho por un adulto. Haga aproximadamente 20 fichas de dominó para un juego con dos jugadores.

■ REGLAS DEL DOMINÓ ■

Ponga todas las fichas boca abajo. Cada jugador coge el mismo número de fichas. De acuerdo con las reglas tradicionales, cada jugador debe comenzar con 7, pero si los niños son muy pequeños, comience con 4. Las fichas que no han sido cogidas por los jugadores se reservan en el montón. El jugador más joven comienza situando una ficha boca arriba en la mesa. El siguiente jugador debe emparejar una de sus fichas con una de las figuras de la ficha que está en la mesa. Si lo hace, ha pasado su turno; si un jugador no puede jugar porque no tiene una ficha que emparejar, tiene que coger una ficha del montón. Luego debe continuar cogiendo fichas del montón hasta que pueda emparejar una ficha. Si una jugador no puede jugar y ya no queda ninguna ficha en el montón, debe pasar. El primer jugador que se libre de todas sus fichas es el ganador.

28

Trampolín

Permitir que un niño salte sobre un cojín o un felpudo es mejor alternativa que tenerlo saltando sobre su cama. Mamás y papás, éste es un buen momento para desempolvar esa cama elástica que tienen desde hace años y que sólo han utilizado una vez. Esta actividad es especialmente divertida si los niños pueden verse saltando en algún espejo colocado a una distacia prudencial.

> **Precaución:** los trampolines pueden ser peligrosos si los saltos no se vigilan.

29

Ensartar

Haga que su hijo cree su propio cinturón, una cinta para la cabeza o un collar, ensartando cereales en forma de aro, o macarrones, todo ello coloreado, en unos cordones de zapato extra largos, en una cuerda o un poco de hilo. Los macarrones se pueden teñir metiéndolos momentáneamente en una mezcla de agua corriente con colorante vegetal. Use 4 gotas de colorante para cada uno de los vasos de agua y asegúrese de dejar secar los macarrones antes de ensartarlos.

30

Puzzles

Construya puzzles caseros pegando fotografías de revistas, postales o fotos en cartón o cartulina. Una vez pegada, corte la figura en tantas piezas como sea apropiado para la edad de su hijo (a los más pequeños se les puede dar 4 piezas; a los preescolares de 6 a 10 piezas). Para variar la actividad, reúna fotos familiares que sean aproximadamente del mismo tamaño. Pegue cada foto en hojas de cartulina de colores diferentes. Corte cada foto en 4 trozos iguales. Su hijo puede mezclar y emparejar las piezas, creando nuevas fotos, o también puede usar como referencia el color del dorso de cada trozo para volver a unir las fotos originales.

31

Manualidades con pegamento

Su hijo puede pegar diferentes elementos, como macarrones, judías, palomitas, fieltro o tela sobre papel de embalar o en un plato de papel. Use un molde de bizcocho o un cartón de huevos para guardar este material clasificado. Use la siguiente receta para conseguir pegamento fácilmente.

▌ RECETA DE PEGAMENTO ▌

Combine lo siguiente:

$1/4$ *vaso de harina* $1/4$ *de vaso de leche*

32

Coser cartas

Haga un dibujo o boceto atrevido sobre un trozo fino de cartón y haga agujeros a lo largo del contorno del dibujo con un taladrador de papel. Muestre a su hijo cómo pasar un cordón largo de zapatos o un hilo grueso a través de los agujeros, como si estuviera cosiendo. Cuando haya acabado el cosido, el hilo habrá creado un dibujo.

33

Cocer y pintar esculturas

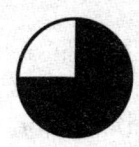

Si quiere guardar los primeros intentos de escultura de su hija, haga que utilice esta arcilla cocida y pintada.

▪ RECETA DE ARCILLA PARA COCER Y PINTAR ▪

4 vasos de harina
1 vaso de sal

1 ½ vaso de leche

Mezcle los ingredientes. Cuando su hijo haya acabado su escultura, colóquela en una bandeja y cuézala a 350° hasta que se seque pero sin llegar a tostarse. El tiempo de cocción variará dependiendo del tamaño de la escultura. Déjela enfriar antes de pintarla. Para la pintura, lea la receta básica de pintura (actividad n. 61) o use témpera, que puede comprar en cualquier tienda de artículos de bellas artes.

34

Collage de papel de seda y almidón

Rasgue, arrugue y corte trozos de papel de seda de varios colores. Utilizando un pincel mediano, cubra la superficie de una hoja de papel de embalar con una capa fina de almidón para la ropa (lo encontrará en algunas tiendas de comestibles o en droguerías). Haga que su hijo aplique el papel de seda sobre la superficie mojada para crear un collage de colores.

Se puede variar esta actividad realizando una vidriera de colores. Aplique una capa de almidón sobre un trozo de papel de cera de 30 × 30 cm.

Ponga encima varios cuadrados coloreados de papel de seda de 2,5 × 2,5 cm. Aplique una segunda capa de almidón sobre el papel de seda. Acabe la vidriera poniendo una segunda pieza de papel de cera sobre el collage de unos 30 × 30 cm. Esta actividad se ejecutará mejor sobre una ventana.

Precaución: el almidón no se debe comer.

35

Trabajo fácil con tijeras

Guarde suplementos de revistas o cualquier papel de embalar. Este tipo de papel es de fácil manejo para los niños pequeños que están aprendiendo a usar tijeras para hacer manualidades. Una vez que su hija tenga habilidad con las tijeras, se divertirá ojeando las revistas para identificar y cortar números, el alfabeto, animales del zoo y de la granja, partes del cuerpo y colores. Todo esto se puede clasificar en grupos y pegar en un papel.

> **Precaución:** use siempre tijeras despuntadas especiales para niños.

36

Correspondencia infantil

Matenga una cadena de cartas que vayan desde los nietos a los abuelos. Esta actividad mantendrá a su hijo ocupado y hará que los abuelos estén contentos. Acostúmbrese a escribir notas de agradecimiento por los regalos de cumpleaños y navidades, haciendo que su hijo realice dibujos en los que usted puede escribir pequeñas notas. Si su hijo es capaz, hágale firmar su nombre.

37

Propaganda

Se pueden realizar muchos juegos divertidos con la propaganda que nos llega por correo. Deje que su hijo juegue con la correspondencia descartada o no abierta mientras que usted se ocupa de pagar las facturas. Esta actividad tendrá a su hijo ocupado mientras usted se concentra en su trabajo.

Guarde todos los sellos y pegatinas que encuentre en los anuncios para poder usarlos en próximas actividades. Guarde también los viejos catálogos, especialmente aquellos con fotografías de muñecos y de niños.

Su hijo se divertirá ojeándolos, lo que le permitirá a usted tener tiempo para leer una revista o el catálogo de su tienda favorita.

Deje que su hijo juegue a ser cartero con toda aquella correspondencia inutilizable que no esté abierta. Coloque las cartas en un saco y haga que las deposite en un imaginario buzón de correos hecho con cajas de zapatos o de harina de avena. Quite las tapas de las cajas o haga ranuras, dejando espacio para insertar la correspondencia. La lluvia, el agua-nieve y la nieve no son necesarias en este juego.

38

Libro de recuerdos

Después de pasar un día especial en el zoo, la playa o el parque, anime a su hijo a plasmar en un dibujo los acontecimientos del día. Añada fotos y recuerdos impresos si es necesario. Grape o ate las páginas que estén sueltas con hilo para encuadernarlo, como si fuese un libro de recuerdos.

39

Álbum de fotos muy personal

¿Se ha preguntado en alguna ocasión qué podría hacer con aquellas fotos de su hijo que no han salido muy bien?
Póngalas en un álbum de fotos con páginas adhesivas transparentes que puedan despegarse fácilmente. A su hijo le gustará pasar el tiempo mirando las diferentes fotografías.

40

Instrumentos musicales

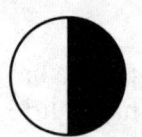

Convierta utensilios caseros en instrumentos musicales.

- Maracas: llene botellas de medicamento que sean de plástico o tarrinas de mantequilla con judías, macarrones o cuentas de colores. Asegure las tapas con pegamento o con cinta aislante.
- Platillos: dos tapas de ollas.
- Tambores: potes de café, cajas de harina de avena, cubos grandes de plástico o botellas de lejía o de leche que sean de plástico.

- Palillos: utilice cucharas de madera o espátulas de caucho.
- Guitarra: ponga gomas elásticas en una caja vacía de pañuelos de papel.
- Bocina: haga varios agujeros en un rollo vacío de papel higiénico, toallitas de papel o papel de envolver.
- Armónica: envuelva un peine con papel de cera.

Si su hijo tiene amigos en casa o si usted tiene varios hijos, puede formar su propia banda musical.

41

Cintas de casete hechas en casa

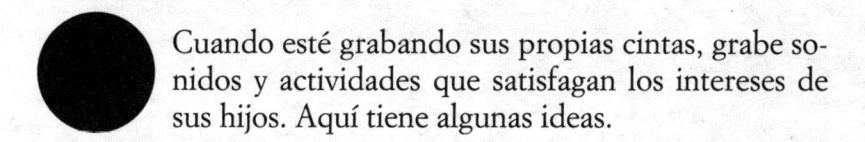

Cuando esté grabando sus propias cintas, grabe sonidos y actividades que satisfagan los intereses de sus hijos. Aquí tiene algunas ideas.

- Una voz familiar que cante canciones de cuna o sus canciones favoritas.
- Actividades que hagan participar a sus hijos tales como «Pito pito colorito», «El patio de mi casa», «Antón pirulero», «Tres lobitos».
- Sonidos de sus animales favoritos y de vehículos.
- Sus historias preferidas leídas por el padre o el abuelo.

Una «canguro» puede utilizar esta cinta si su hijo le echa de menos y necesita oír su voz cuando usted no está en casa.

42

Vídeo personal

A los niños les encanta mirarse. Si dispone de una cámara de vídeo, grabe alguna secuencia de su hijo; él nunca se cansará de verse. Algunas ideas son:

- Bailar al son de la música.
- Tocar instrumentos musicales.
- Fiestas de cumpleaños.
- Visitas de amigos y familiares.
- Celebraciones navideñas.
- Acontecimientos especiales en la escuela.
- Zoos y parques de atracciones.

43

Hora de recoger los juguetes

Nunca es demasiado temprano para enseñar a su hija a guardar sus juguetes. Si puede sacar sus juguetes, también puede guardarlos. Convierta esta actividad en un juego y participe con ella. Establezca un tiempo cada día para recoger los juguetes. Coloque varios recipientes en toda la casa para ahorrarse trabajo.

Juegos al aire libre

44

Pintar aceras

En un día caluroso permita que su hijo «pinte» sus aceras, patios y verjas con un cepillo viejo y un recipiente lleno de agua. Cuando el trabajo del artista esté acabado, el sol se ocupará de limpiarlo.

45

Graffiti con tiza

Haga murales exteriores en superficies pavimentadas con tizas blancas o coloreadas. Si hay más de un niño jugando, haga que se turnen trazando la silueta de cada uno. La tiza se quita fácilmente (véase actividad n. 44, «Pintar aceras»).

> **Precaución:** los más pequeños se pueden atragantar con trozos pequeños de tiza. Recomendamos el uso de tiza sin polvo, que puede encontrarse en cualquier tienda especializada de juguetes.

46

Bolos

Guarde varias botellas de plástico que puedan ser utilizadas como bolos. Haga que su hijo las ponga en línea e intente tirarlas haciendo rodar un balón grande y pesado (un balón de fútbol o de baloncesto) hacia los bolos. En un día ventoso, puede llenar las botellas con 5 o 7 cm de agua o de arena.

47

Castillos de hielo

Esta actividad es divertida para un día de verano. Llene algunos cartones de leche vacíos, botes de zumos helados y tarrinas de helado con agua. Déjelos en el congelador toda la noche o hasta que se hagan sólidos. Antes de empezar la actividad, saque los bloques de hielo de los cartones. Amontone los diferentes bloques de hielo en un cubo grande (los más grandes en la base) para formar el castillo. A su hija le encantará dejar caer gotas de colorante vegetal y espolvorear unas pizcas de sal de roca (la puede encontrar en la tienda de comestibles) sobre el hielo. La sal de roca hará unir los bloques de hielo y ayudará a que el colorante penetre en el hielo. Su hija se sentirá orgullosa de su escultura de colores veraniega durante más tiempo de lo que ésta durará.

> **Precaución:** esta actividad ensucia. Sugerimos que se haga en una zona de césped.

48

Pompas de jabón

● Hacer pompas de jabón es una manera genial de divertirse. Haga varas largas manuales, con un aro en el extremo, utilizando perchas de alambre; asegúrese de enrollar y aislar las puntas alrededor del alambre principal y poner cinta aislante en cualquier extremo punzante. Haga que su hijo introduzca la vara en un recipiente grande como una freidora o un jarrón que haya sido llenado previamente con jabón espumoso. (Véase receta en pág. sig.) Estos aros crearán burbujas muy grandes. Se puede generar una corriente fuerte de burbujas poniendo la vara delante de un ventilador eléctrico. Supervise esta actividad para asegurarse de que sólo las burbujas se acercan al ventilador. Se puede comprar una variedad de accesorios baratos en una tienda de juguetes. Los accesorios para hacer pompas de jabón son una buena iniciación para los niños de pocos meses que no son capaces de soplar la vara.

■ RECETA PARA HACER POMPAS DE JABÓN ■

Combine lo siguiente:

- ½ vaso de líquido lavavajillas
- 8 vasos de agua
- 2 cucharadas de glicerina (es opcional. La puede encontrar en un supermercado)
- Una pizca de azúcar (para que la mezcla cuaje)

49

Juegos de agua

Los niños se entretienen fácilmente con cualquier clase de juego de agua. Llene parcialmente un cubo pequeño o un balde con agua y sugiera a su hijo cualquiera de las siguientes actividades:

- Dar un baño a una muñeca.
- Hacer navegar barquitos de plástico
- Lavar platos irrompibles.

Añada un poco de jabón en el cubo y utilice un batidor para crear la espuma.

64 ■ 101 MAGNÍFICAS IDEAS PARA ENTRETENER A TU HIJO

50

Pista de obstáculos para los más pequeños

● Desafíe a su hijo organizando una pista de obstáculos al aire libre utilizando cualquier combinación de lo siguiente:

- Un neumático o una escalera tendida en el suelo.
- Vigas y tablas pesadas (para poner en cajas y utilizarlas como rampas y puentes).
- Caballete para serrar.
- Un tonel.
- Cajas grandes.

> **Precaución:** por motivos de seguridad, al preparar la pista tenga en cuenta las habilidades de su hijo en cuanto a coordinación.

51

Haga un columpio con una rueda

Una rueda es una alternativa barata a un columpio y ocupa, además, poco espacio. Ate una rueda a un árbol con cuerdas o cadenas; su hijo se puede sentar en ella, subirse, dar vueltas o columpiarse. (Es recomendable realizar un agujero en la parte inferior de la rueda para que el agua de la lluvia pueda salir.)

52

Grand Prix

Construya un circuito de carreras para triciclos, coches de juguetes o vagones utilizando botellas de litro de plástico llenas de arena, como pilones. A su hijo le gustará abrirse paso entre las botellas.

53

Construcciones

Alinee y pegue un grupo de cajas de cartón de tamaño medio con los extremos abiertos para formar un túnel. Su hijo gateará por la estructura durante un rato. Utilice una caja grande, como, por ejemplo, la de un electrodoméstico, para construir un fuerte, una casa o un edificio alto. Haga aberturas para crear puertas y ventanas. Para dar el toque final, ponga banderas, muebles de juguetes, sábanas y mantas.

54

Área de servicio

Construya una gasolinera. Un árbol puede servir como surtidor; una cuerda elástica con un mango se convertirá en la manguera y la boquilla; un triciclo puede convertirse en un coche. Un niño espabilado ofrecerá descuentos a aquellos que paguen al contado.

55

Lavar el coche

A su hijo le divertirá mucho lavar su coche. Déle un cubo, un trapo o un spray para que los utilice en la zona que se le designe. Como alternativa, ir a lavar el coche a un tren de lavado puede convertirse en una visita divertida para un niño pequeño.

56

Cazamariposas

Forme un círculo en el extremo de una percha de alambre. Deje aproximadamente la mitad del alambre para que sirva de mango. Asegure el círculo torciendo la base del mango y cubra los extremos puntiagudos con cinta aislante. Utilice un calcetín fino y una pierna de unas medias cortadas a la altura de la rodilla para hacer la red. Ponga los extremos del calcetín o de la red de nilón alrededor del círculo hecho con la percha del alambre y cosa a mano un pequeño dobladillo para cubrirlo. Su hijo ya estará preparado para cazar todas aquellas criaturas que usted no quiera en casa.

57

Collage natural

Después de un paseo, ¿no ha tenido usted nunca problemas para convencer a su hijo de que deje todos aquellos «tesoros» que ha ido recogiendo? En lugar de intentarlo, haga un collage pegando la colección (hojas, palitos, flores, etc.) en cartulina. Para el pegamento, utilice la receta que aparece seguidamente:

■ RECETA DE PEGAMENTO EN PASTA ■

½ vaso de harina
½ vaso de azúcar blanco
½ cucharada grande de alumbre en polvo (lo puede comprar en una tienda de comestibles)

½ vaso de agua fría
½ vaso de agua hirviendo

Mezcle bien la harina, el azúcar, el alumbre y el agua fría. Añada agua hirviendo. Luego caliente los ingredientes en la parte superior de una olla a presión super rápida, removiendo constantemente hasta que la masa se haga espesa y esponjosa. Deje enfriar. Guárdelo en un recipiente hermético.

58

Observar pájaros

A los niños les encanta observar a los pájaros. Ayúdeles a buscar nuevas especies dándoles unos prismáticos de juguete. Para construirlos, pegue 2 rollos de papel higiénico vacíos. Si su hijo se los quiere colgar, ate una cinta que pueda ser colgada holgadamente alrededor del cuello. Ahora su hijo ya tiene el equipo para organizar sus paseos por la naturaleza en el propio jardín casero.

59

Colección de piedras

Seleccione una caja o un costal en el cual pueda tener piedras que su hija haya encontrado en expediciones al aire libre. A su hija le encantará clasificarlas cuando las añada a la colección (en lugar de lanzarlas, ¡eso esperamos!, por las ventanas).

60

Hula hoop

Aunque los niños pequeños no sean capaces de hacer girar un hula hoop alrededor de su cintura, les encantará realizar cualquiera de las siguientes actividades:

- Hacer rodar el aro.
- Saltar dentro y fuera del aro.
- Sentarse en el aro y hacer carreras alrededor con coches pequeños.
- Lanzar objetos irrompibles en un aro que esté sobre el suelo en posición vertical. (Véase actividad n. 13.)

61

Pintura

● Guarde potes de comida de bebé vacíos para utilizarlos como potes de pintura. Una camisa vieja se convertirá en un excelente blusón. Utilice siempre pintura soluble en agua o la receta de más abajo. Si considera que su hijo es todavía pequeño para pintar con pincel o a mano, compre un libro de acuarelas. Cuando el niño aplique un pincel mojado sobre la página, el libro creará su propia pintura y usted no tendrá que limpiar tanto.

Cada una de las actividades descritas en los números del 61 al 68 tendrá ocupado a su hijo durante aproximadamente una hora.

■ RECETA DE PINTURA BÁSICA ■

1 cucharada grande de azúcar
½ vaso de maicena
¾ vaso de agua fría

2 vasos de agua hirviendo colorante vegetal
1 cucharada grande de jabón líquido (opcional)

Combine el azúcar, la maicena y el agua fría en una salsera. Mezcle bien. Añada agua hirviendo en la mezcla, removiendo a medida que vierta. Cocine a fuego medio. Remueva constantemente hasta que la mezcla esté espesa y esponjosa. Deje que se enfríe y sepárela en diferentes recipientes. Añada un colorante diferente en cada recipiente.

> **Precaución:** pintar ensucia. Quizá su hijo realice esta actividad en casa. Sin embargo, recomendamos que se haga al aire libre.

62

Pintar soplando

Con la ayuda de un cuentagotas, ponga algunas gotas de pintura no tóxica en una hoja de papel. Luego, haga que su hijo sople por una pajita colocada cerca de la pintura. Ésta se extenderá, salpicando el papel.

63

Pintura con rodillo

Utilice un frasco de desodorante de bola como aplicador de pintura; lave la botella y llénela de pintura. Vuelva a poner la bola. Otra posibilidad es que su hijo moje el extremo de la bola en la pintura y lo aplique directamente sobre el papel.

64

Pintura con canicas

Ponga un trozo de papel en la parte inferior de una caja de cartón que no sea muy alta. Ponga aproximadamente una cucharada grande de pintura en el centro del papel, y una o más canicas dentro de la caja. Haga que su hijo ladee la caja a un lado y a otro. Las canicas rodarán sobre la pintura, creando rayas de color en el papel.

65

Hacer sellos con pintura

Su hijo puede introducir comida o utensilios de la casa en pintura y aplicarlo sobre papel para crear figuras innovadoras. Haga un sello abriendo un vegetal a rodajas para formar una superficie plana. Esculpa o grabe un dibujo en la superficie del vegetal. Las frutas o verduras más apropiadas para esta actividad son las patatas, nabos y manzanas. La textura natural de otros vegetales como la col formará su propio y único modelo. También pueden utilizarse rulos, vinagreras y varios utensilios de cocina.

66

Pintura con esponja

Corte una esponja en cuadrados de 3 cm. Puede comprar también esponjas ya cortadas con formas diferentes de animales. Utilizando una esponja para cada color de pintura, muestre a su hijo cómo frotarla sobre la superficie a pintar creando su propio dibujo.

67

Pintura con cuerda

Haga que su hijo introduzca una cuerda en pintura y la aplique sobre la superficie de un papel utilizando uno de los siguientes métodos:

- Coja la cuerda con pinzas e introdúzcala en la pintura. Apliquéla después directamente al papel.
- Coloque una cuerda con pintura dentro de una hoja de papel doblada. Haga que su hijo ponga una mano sobre la hoja doblada y tire de la cuerda con la otra mano. Despliegue la hoja y aparecerá un dibujo.
- Envuelva una cuerda gruesa alrededor de un rollo de papel higiénico vacío. Mójelo en pintura y hágalo rodar sobre la superficie del papel.

68

Espaguetis artísticos

Cocine una pequeña cantidad de espaguetis (durante más tiempo del necesario) y escúrralos. Haga que su hijo los ponga en una hoja de cartulina. Una vez secos, se pegarán sobre el papel formando un dibujo con relieve. Su hijo se divertirá pintándolos.

JUEGOS AL AIRE LIBRE 77

69

Trabajo en el jardín

A su hijo le encantará jugar en el jardín. De hecho, puede ayudar también recogiendo las hojas o barriendo con una escoba pequeña. También se pueden utilizar herramientas de juguete, hechas de plástico y que además no son caras, tales como azadas, rastrillos y segadoras.

70

Flores del jardín

Cuando pode las flores y hierbajos, dé a su hijo todo aquello que usted ha cortado. Su hijo puede colocar estos trozos en potes en una pequeña zona de tierra, creando su propio jardín temporal. Por motivos de seguridad, evite cualquier tipo de plantas venenosas o que tengan espinas.

71

Haga magia con un imán

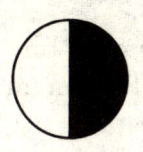

A su hija le gustará organizar experimentos científicos mientras realiza alguna de las siguientes actividades:

- Muestre a su hija cómo arrastrar un imán a través de la arena para recoger partículas negras de hierro.
- Dé a su hija una variedad de objetos metálicos y no metálicos y deje que sea ella misma quien compruebe qué objetos se pegarán al imán.
- Corte figuras en forma de pez, de 9 cm. de largo aproximadamente, en una cartulina. Ponga un clip grande en la cabeza de cada pez. Sujete un pequeño imán en forma de herradura en un palo con una cuerda que mida unos 30 cm. Su hija ya podrá ir a pescar.

Esta actividad le dará la oportunidad de explicar por qué los imanes atraen al metal.

72

Merienda campestre

Si usted quiere pasar una tarde fuera de casa, prepare una merienda y llévese una manta. Incluya un trapo mojado, envuelto en un plástico, para lavarse las manos antes de comer. Cuando su hija tenga hambre y empiece a estar cansada, estírela en la manta y que coma su parte de comida. Después puede dormir la siesta, lo que le permitirá a usted disfrutar de la tranquilidad del mundo al aire libre. Llévese un libro o una revista.

En torno a la ciudad

73

Mapa de viaje personal

En un trozo de papel de embalar, dibuje un mapa sencillo de los lugares que visita frecuentemente. A lo largo de la ruta, identifique los lugares favoritos de su hijo pegando fotos y dibujando símbolos que representen la ubicación de los abuelos, amigos, la tienda de comestibles, la calle peatonal local, la consulta del doctor y especialmente su propia casa. Doble el mapa de manera que su hijo lo pueda abrir fácilmente y déjelo en un lugar del coche que esté a mano. A su hijo le gustará encontrar el punto de destino de su viaje en su propio mapa.

74

Casete personal para los viajes

Grabe una cinta especialmente para que su hija pueda oírla en el casete de su coche. En una cara puede grabar sus canciones o sonidos favoritos y en la otra puede haber canciones lentas o canciones de cuna cantadas por una persona querida, como la abuela. Esta cara puede ser útil cuando su hija necesite descansar o cuando sea la hora de la siesta.

75

Caja de los juguetes

Compre una caja para los juguetes que se acople al reposacabezas de su coche y cuélguela en la parte posterior del asiento. Estas cajas, que tienen grandes bolsillos, son de gran utilidad para guardar los juguetes.

76

Álbum de fotos para los viajes

En un álbum que tenga hojas adhesivas transparentes, ponga fotos de las cosas favoritas de su hijo, tales como cachorros, bebés, juguetes y miembros de la familia. Las páginas adhesivas se despegarán fácilmente, por lo que se podrán añadir fotos, o cambiar de posición, sin ninguna dificultad. Puede dejar el álbum en el coche de forma permanente y enseñárselo a sus hijos para tenerles contentos mientras viajan.

77

Guía de viaje

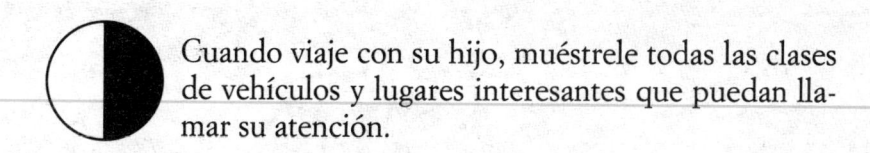

Cuando viaje con su hijo, muéstrele todas las clases de vehículos y lugares interesantes que puedan llamar su atención.

- Camiones / autobuses.
- Helicópteros / aviones.
- Oficinas de correos, coches de bomberos y cuartel de bomberos.
- Adornos y luces navideñas.
- Colores y números.

Con el tiempo, su hijo se convertirá en guía de viajes, mostrándole a usted cualquier cosa que esté a la vista.

78

Libro de actividades hecho con tela

Puede hacer un libro sencillo de actividades para su hijo con tela, fieltro, botones e hilos. Para hacer las páginas, corte de 6 a 8 rectángulos, de 20 × 30 cm, en un trozo de tela. Es una buena idea utilizar tijeras dentadas en los extremos de cada página para que no se deshilachen. Amontone los rectángulos y cosa una costura en uno de los lados para formar un ribete. Cosa unos botones grandes en cada página. Si utiliza formas y colores diferentes, el libro será más divertido. Corte varias figuras, tales como flores, triángulos, círculos o animales en piezas separadas de fieltro. Corte una hendidura en el centro de cada figura para hacer los ojales; de esta manera, su hijo podrá abotonar las figuras en el libro. Desafíe su imaginación animándole a crear historias cambiando el orden de las figuras del libro.

79

Fan de los deportes

Cuando la familia asiste a un acontecimiento deportivo, una manera de tener ocupada a su pequeña atleta durante el partido es que ella lleve sus propios prismáticos (véase la actividad n. 58, «Observar pájaros»). También puede dejarle escuchar el partido por la radio con unos *walkman*. Antes de ponerle los cascos a su hija, asegúrese de que el volumen es el adecuado. Puede llevar, asimismo, juguetes pequeños, lápices y papel para cuando su hija pierda interés en lo que le rodea. Si todo esto no da resultado, haga entrar en escena los bocadillos y refrescos.

80

Cenar en el restaurante

Llevar a su hijo a un restaurante puede ser todo un acontecimiento. Lleve cubiertos de plástico por si su hijo gusta de atraer la atención golpeando los cubiertos en la mesa. Evite la situación embarazosa que supone que su hijo vierta un vaso, llevando consigo uno que no pueda volcarse. Lleve también lápices de colores y libros para colorear o utilice los salvamanteles para realizar sus «obras de arte». Si los niños están hambrientos mientras esperan a que les sirvan la comida, pueden pedir galletas o pan o traer su propio tentempié. Cuando las cosas se ponen peores, pueden sacar un paquete sorpresa de juguetes pequeños ¡Que aproveche!

81

Comprar en la tienda de comestibles

Antes de ir a comprar a una tienda de comestibles, dé siempre de comer a su hija, ya que si está hambrienta, seguro que dirá con más facilidad «yo quiero...». La lista de la compra o los folletos de propaganda se pueden utilizar para tener las manos de su hija ocupadas cuando ella va en el carrito, pero prepárese para ir recogiendo folletos. Haciendo participar a su hija en la elección de los alimentos y manteniendo una conversación fluida, la tendrá entretenida. Después de llevar de forma regular a un niño de 2 años al mercado, usted se sorprenderá de todo lo que se puede decir de una lechuga.

82

En el centro comercial

Si las compras le van a ocupar bastante tiempo, usted podrá tener a raya a su hijo llevándole en el carrito. Consiga que su hijo se meta en el carrito llevando unas cintas y un casete. Cuando sea posible, ponga su carrito delante de un espejo o de un puesto de ventas interesante mientras usted curiosea. Si su hijo es lo suficientemente mayor, le gustará empujar su propio carrito por el pasillo del centro comercial. Cuando se ponga nervioso, haga un descanso y préstele toda su atención. Si usted cree que está haciendo demasiadas paradas, es hora de ir a casa.

83

Provisiones para el viaje

Ahora existen muchos tentempiés nutritivos en paquetes de medidas adecuadas para llevar de viaje. Los zumos de frutas vienen en cajas con pajitas pegadas. Las pasas, *snacks* de frutos secos, galletas para los más pequeños, cajas pequeñas de cereales e incluso la salsa de manzana y el pudín vienen en paquetes individuales. Estos productos se pueden comprar y guardar en bolsas de viaje para futuras situaciones de emergencia. A pesar de que estos productos empaquetados individualmente pueden resultar caros, vale la pena comprarlos por su utilidad cuando todo lo demás falla.

Ocasiones especiales

84

Tarjetas de cumpleaños

Deje que su hija ayude en la preparación de su propia fiesta de cumpleaños haciendo sus invitaciones. Aquí aparecen algunas ideas sobre los detalles que se pueden pegar en las tarjetas.

- Para representar el tema de la fiesta, corte dibujos apropiados de alguna revista.
- Para mostrar la edad de su hijo, corte números.
- Para decorar las invitaciones, utilice papel de regalo usado y cintas.
- Para dar un toque festivo, añada un poco de confeti o purpurina en cualesquiera de las actividades arriba indicadas.

85

Jugar a fiestas de cumpleaños

A los niños les encantan las fiestas de cumpleaños, especialmente las suyas. Como a su hijo no le entusiasma la idea de celebrarla una sola vez al año, le gustará preparar fiestas imaginarias para amigos, familiares, muñecas y animales de peluche, así como hacer pasteles imaginarios, soplar velas y cantar el «cumpleaños feliz». Además, envolver y abrir regalos imaginarios le hará revivir la alegría de su propio «día especial».

86

Tarjetas personales del día de san Valentín

Sabemos que a nuestros amigos y familiares les encantan las tarjetas del día de san Valentín hechas en casa. Corte un corazón en una cartulina roja o rosa, o simplemente haga la tarjeta doblando la cartulina. Su hijo puede pegar cualquier combinación de lo siguiente:

- Lentejuelas.
- Puntillas o pañitos de adorno.
- Hilo o cinta.
- Fotos pequeñas de su hijo.
- Pegatinas o figuras en forma de corazón.
- Flores secas.
- Papel de regalo o tarjetas de felicitación antiguas.

87

Figuritas de Pascua impresas con el pulgar

Su hija puede imprimir conejitos, pollitos y otros animales utilizando una almohadilla de tinta y su pulgar. Haga que su hija presione su pulgar en la almohadilla de tinta y que lo ponga sobre un papel. Dibuje barbas, orejas, picos, plumas o cualquier cosa con un bolígrafo o un rotulador. Es mejor utilizar una almohadilla de tinta soluble. De esta manera será más fácil limpiar las marcas de la tinta de la piel y de la ropa. Con ello se pueden hacer tarjetas y adornos geniales para Pascua.

88

Cestas de primavera

Construya una cesta de primavera poniendo una asa en una caja vacía de fresas. Su hijo puede decorar la cesta trenzando en el enrejado una cinta, hilo o tiras finas de cartulina. Llene la cesta con flores frescas u otros objetos que haya recogido en sus paseos primaverales.

89

Collar del día de la madre

Haga arcilla siguiendo la receta de cocer y pintar arcilla (véase la actividad n. 33, «Cocer y pintar esculturas»). Haga las cuentas de un collar haciendo bolas pequeñas. Antes de ponerlo al fuego, haga un agujero en cada cuenta con un palillo (el agujero debe ser lo suficientemente grande como para poder ensartar la cuenta). Una vez cocidas, su hijo podrá pintar las cuentas de diferentes colores y ensartarlas en la medida deseada (véase la actividad n. 61. «Pintura básica»).

90

Corbata del día del padre

El día del padre no sería tal sin darle a papá la corbata tradicional. Con un cepillo de dientes que ya no utilice, permita a su hijo aplicar pintura a una corbata, nueva o usada, de color básico (sin mezcla). Esta corbata no necesitará ir a la lavandería a menudo; las manchas de espagueti, salsas, *ketchup* y mostaza le añadirán, únicamente, un toque artístico

91

Fiesta de cumpleaños: baile

En la fiesta de cumpleaños de su hijo o hija, siempre puede resultar divertido dedicar un rato al baile. Para ello habrá que realizar una selección de melodías alegres y adecuadas para estas edades y dejar que los niños se muevan al ritmo de la música. Se puede proponer también que «bailen» de forma individual, por parejas, por grupos, en corro, etcétera.

Los niños mayores también harán sus propuestas, que, con toda seguridad, imitarán luego los más pequeños.

92

La casa encantada

Construya una casa encantada pegando cajas grandes de electrodomésticos. Alinee cajas pequeñas con las tapas abiertas para formar una entrada o salida. Ponga mantas, espumas y felpudos en el suelo para hacerlas más confortables y que el niño pueda gatear. Pinte o pegue caras de calabaza, brujas buenas y fantasmas en las paredes interiores. Ponga pequeñas calabazas, también en forma de cara, y serpentinas de color naranja y negro en el interior de la casa encantada.

Utilice sonidos fantasmales para dar un poco más de ambiente. Cuando decore el interior, tenga en cuenta la edad y los temores de su hijo.

OCASIONES ESPECIALES ▌ 99

93

Fantasmas

◐ Su hija se divertirá jugando a fantasmas en su propio jardín. Coja una sábana y haga agujeros para los ojos. Después de poner la sábana sobre la cabeza de su hija, corte la tela sobrante de la parte inferior. Ahora su pequeño monstruo desaparecerá temporalmente.

94

Peluca de indio de Carnaval

Corte una tira de cartulina de 3 cm de ancho. Póngala alrededor de la cabeza de su hijo y pegue los extremos de manera que quede ajustada. Utilice plumas reales o hágalas usted mismo con cartulina. Pegue, o ponga con cinta adhesiva, las plumas en la parte posterior del tocado. Utilice la siguiente receta para pintar la cara de su hijo:

■ RECETA DE PINTURA PARA LA CARA ■

1 ¼ cucharadita de maicena
½ cucharaditas de agua
1 ¼ cucharaditas de nata fría
1 gota de colorante

Mezcle todos los ingredientes con el palo de un «polo» o palillos chinos. Utilice un recipiente para hacer barritas de pan para separar colores. Aplique la pintura sobre la cara de su hijo con los dedos. Ahora todo lo que necesita es un tambor pequeño (véase actividad n. 40, «Instrumentos musicales»).

95

El juego del papel de envolver

◐ Utilice papel de regalo ya usado y cinta para hacer «obras de arte» o para que su hijo envuelva regalos imaginarios. Ésta es una buena manera de tener a su hijo ocupado mientras usted está envolviendo regalos navideños.

96

Haga tarjetas con moldes para hacer galletas

◐ Haga tarjetas de Navidad, introduciendo moldes con formas diferentes en pintura y aplicándolos después en una cartulina. Ponga purpurina sobre la pintura fresca para dar un poco de brillo.

97

Papel de envolver para los días navideños

Aquí tiene un par de ideas para crear su papel de envolver navideño. Haga que su hijo pinte estrellas u otras figuras navideñas; una vez recortadas, le servirán de plantilla para pintar el papel de envolver con pintura soluble en agua (véase actividad n. 61 para la receta de pintura básica o utilice pintura soluble en agua, no tóxica). En navidades, dibuje una vela en un cartón ondulado y corte la silueta. Arranque una capa del cartón para exponer la textura ondulada. Utilice la figura como un sello, pintándolo con pintura roja o verde y aplicándolo al papel.

98

Guirnaldas de papel de seda

Su hijo puede confeccionar guirnaldas navideñas utilizando un plato de papel, papel de seda de colores, almidón líquido (que puede comprar en algunas tiendas de comestibles) y cinta. Corte el centro de un plato de papel dejando un espacio de 4 cm; deseche el trozo que ha cortado. Corte el papel de seda en cuadrados de 5 cm y haga que su hijo arrugue cada uno de los trozos. Aplique almidón de forma uniforme sobre la base de la guirnalda del plato de papel con un pincel. Ahora ya puede pegar el papel de seda en el plato. Haga un agujero en la orilla de la guirnalda y ate una cinta brillante para usar como mango.

> **Precaución:** el almidón no se debe comer.

99
Galletas navideñas

Dé una utilidad a los restos de lapiceros de colores, convirtiéndolos en galletas navideñas jaspeadas. Saque el papel de los lápices y córtelo en pequeños trozos de no más de 1,5 cm. Llene por la mitad varias cazuelas para hornear con los trozos de lapicero de diferentes colores. Puede utilizar recipientes para hacer barritas de pan o pequeños moldes con figuras navideñas, como árboles de Navidad, caras de Papa Noel, etcétera, que pueden encontrarse en catálogos o en tiendas de menaje. Póngalos en el horno en la bandeja de abajo durante 10 o 15 minutos. Sáquelos del horno un poco antes de que los lapiceros empiecen a hacerse líquidos. Deje enfríar antes de sacarlos del recipiente. Estas galletas de lapicero jaspeadas se pueden envolver y ofrecer como regalos navideños hechos en casa o como pequeños obsequios para los invitados en una fiesta de cumpleaños.

> **Precaución:** estas galletas no son comestibles. Asegúrese de que los niños se mantienen alejados del horno caliente.

100

Día de los Santos Inocentes

El 28 de diciembre se celebra el día de los Santos Inocentes, en el que está permitido gastar distintos tipos de bromas a la gente. Enseñe a su hijo o hija a recortar monigotes de papel para engacharlos en las espaldas de sus amigos, o también a hacer paquetitos que contengan cosas de poco valor (piedras, papeles...) y dejarlos en la calle para que alguien los recoja. Se divertirán mucho, tanto preparando estas bromas como llevándolas a cabo.

101

La celebración de la Nochevieja

Antes de meter a su hijo en la cama en la víspera de Año Nuevo, haga una pequeña celebración. Saque sus ollas y sartenes para hacer ruido. Si usted también quiere celebrar su propia fiesta de Nochevieja, puede utilizar sombreros, espantasuegras y serpentinas. Deje que su hijo dé la bienvenida al Año Nuevo haciendo todo el ruido que pueda.

Índice de actividades

Álbum de fotos muy personal, 53
Álbum de fotos para los viajes, 84
Área de servicio, 67
Ayudante de cocinero, 27
Bolos, 60
Caja de los juguetes, 84
Calcar rayando con lápices, 39
Carrera de obstáculos, 36
Casa encantada, La, 98
Casete personal para los viajes, 83
Castillos de hielo, 61
Cazamariposas, 68
Celebración de la Nochevieja, La, 104
Cenar en el restaurante, 88
Cestas de primavera, 95
Cintas de casete hechas en casa, 55
Cocer y pintar esculturas, 49
Colección de piedras, 71
Collage de papel de seda y almidón, 50
Collage natural, 69
Collar del día de la madre, 96
Comprar en la tienda de comestibles, 88
Construcciones, 66
Construir autopistas, 30
Corbata del día del padre, 96
Correspondencia infantil, 51
Coser cartas, 48
Cubos con bolsas de papel, 34
Dedo mágico pintor, El, 21

Día de los Santos Inocentes, 104
Dibujo resistente, El, 40
Disfrazarse, 43
Dominó, 44
En el centro comercial, 89
Ensartar, 46
Espaguetis artísticos, 76
Fan de los deportes, 87
Fantasmas, 99
Fiesta de cumpleaños: baile, 97
Figuritas de Pascua impresas con el pulgar, 95
Flores del jardín, 78
Galletas navideñas, 103
Graffiti con tiza, 59
Grand Prix, 66
Guía de viaje, 85
Guirnaldas de papel de seda, 102
Hacer sellos con pintura, 75
Haga magia con un imán, 79
Haga su propia pizarra mágica, 40
Haga tarjetas con moldes para hacer galletas, 101
Haga un columpio con una rueda, 65
Hora de recoger los juguetes, 56
Hula hoop, 71
Instrumentos musicales, 54
Juego de la cesta para la ropa sucia, El, 41
Juego de papel de envolver, El, 101

Juegos de agua, 63
Juegos en casa con arena, 21
Jugar a las cocinas, 26
Jugar a las fiestas de cumpleaños, 93
Jugar a los robots, 35
Lápices de colores, 39
Lavar el coche, 67
Lavar los platos, 29
Libro de actividades hecho con tela, 86
Libro de recuerdos, 53
Limpiar la casa, 29
Manualidades con pegamento, 47
Mapa de viaje personal, 83
Masa casera para jugar, 24
Máscaras, 31
Merienda campestre, 80
Muñeca de tamaño real, 34
Observar pájaros, 70
Papel de envolver para los días navideños, 102
Peluca de indio de carnaval, 100
Peluquería, 42
Pequeñas bolsas para jugar, 33

Pintar aceras, 59
Pintar en la bañera, 22
Pintar soplando, 73
Pintura con canicas, 74
Pintura con cuerda, 76
Pintura con esponja, 75
Pintura con rodillo, 74
Pintura, 72
Pista de obstáculos para los más pequeños, 64
Polichinelas, 32
Pompas de jabón, 62
Poner la mesa, 28
Propaganda, 52
Provisiones para el viaje, 90
Puzzles, 46
Tarjetas de cumpleaños, 93
Tarjetas personales del día de san Valentin, 94
Tienda de campaña, 37
Tiza, 38
Trabajo en el jardín, 77
Trabajo fácil con tijeras, 51
Trampolín, 45
Vídeo personal, 56

Índice de recetas

Cada receta aparece una vez en el libro, tal como lo indica el n.º de página que sigue a cada artículo de este índice. Los subartículos son actividades posteriores que aluden a las recetas.

Cocer y pintar arcilla, 49
    Cocer y pintar esculturas, 49
    Collar del día de la madre, 96

Jugar a robots, 35

Mapa de viaje personal, 83

Masa casera para jugar, 24
    Ayudante de cocinero, 27
    Jugar a las cocinas, 26

Pegamento, 47
    Manualidades con pegamento, 47
    Puzzles, 46

Pegamento en pasta, 69
    Collage natural, 69
    Dominó, 44
    Máscaras, 31
    Polichinelas, 32
    Tarjetas de cumpleaños, 93

Pintura básica, 72
    El dibujo resistente, 40
    Espaguetis artísticos, 76

Hacer sellos con pintura, 75
Papel de envolver para los días navideños, 102
Pintura con canicas, 74
Pintar soplando, 73
Pintura con esponja, 75
Pintura con rodillo, 74
Pintura con cuerda, 76
Pintura del día de la madre, 96

Pintura para la cara, 100
    Disfrazarse, 43
    Peluca de indio de Carnaval, 100

Pompas de jabón, 62

Receta para pintar con los dedos, 23
    Pintar en la bañera, 22

Tarjetas personales del día de san Valentín, 94

Trabajo fácil con tijeras, 51